L'amour gai, c'est correct

C.P. 325, Succursale Rosemont
Montréal (Québec), Canada H1X 3B8
Téléphone: (514) 522-2244
Télécopieur: (514) 522-6301

Éditeur: Pierre Nadeau

Dépôt légal: deuxième trimestre 2000
Bibliothèque nationale du Québec
Bibliothèque nationale du Canada

DISTRIBUTEUR EXCLUSIF
Pour le Canada et les États-Unis
Les Messageries ADP
955, rue Amherst
Montréal (Québec) H2L 3K4
Téléphone: (514) 523-1182
Télécopieur: (514) 939-0406

Pour la Suisse
Transat S.A.
Route des Jeunes, 4 Ter
C.P. 1210, 1 211 Genève 26
Téléphone: (41-22) 342-77-40
Télécopieur: (41-22) 343-46-46

L'amour gai,
c'est correct

L'éditeur bénéficie du soutien de la Société de développement des entreprises culturelles du Québec pour son programme d'édition.

Nous reconnaissons l'aide financière du gouvernement du Canada par l'entremise du Programme d'aide au développement de l'industrie de l'édition (PADIÉ) pour nos activités d'édition.

L'AMOUR GAI,
C'EST PRENDRE
SA MAIN DANS
LA MIENNE
MALGRÉ TOUS
CES **REGARDS**
POSÉS
SUR NOUS.

L'amour gai, *C'EST* **vivre** *AU QUOTIDIEN AVEC TOUT CE* **désir** *QUE J'AI* **pour lui**

L'AMOUR GAI,
C'EST SENTIR
QUE,
MÊME
AU LOIN,
IL EST TOUJOURS
près de moi.

L'amour gai,
c'est penser que,
malgré *les*
nombreuses injustices,
notre amour
est
plus fort
que tout !

L'amour *gai,*
c'est quand ça
chatouille
dans mon pantalon
en le voyant.

L'amour gai,

c'est **SENTIR**

que je suis
la personne

la **plus** importante

pour lui.

L'amour gai,

C'EST LA PHOTO

d'un bel inconnu

rencontré sur la plage.

L'amour gai,
c'est le courage
d'affirmer
et de dire
haut et fort :

«Cet homme,
c'est le mien !»

L'amour gai,
c'est aussi
la tendresse,

surtout

quand il a
ses mains
sur mes fesses.

L'amour gai,

c'est le

souffle
chaud

de sa bouche
dans mon oreille
quand il me dit
les mots du cœur.

L'amour gai,
c'est le **désir**
que j'éprouve
POUR LUI
rien
qu'à le regarder
marcher.

L'amour *gai,*
c'est vouloir
le rendre
heureux
jour après jour.

L'amour gai,
c'est
l'accompagner
dans les moments
les plus difficiles
de la vie.

L'amour gai,
c'est chercher
à comprendre
son *silence*,
ses *hésitations*
et à l'aider
à *surmonter*
les épreuves.

L'amour gai, c'est être en érection juste à sentir son odeur.

L'amour gai,
c'est inventer
mille et une
caresses
pour lui
faire **plaisir**
et le faire **jouir**.

L'amour gai,
c'est réaliser
**combien
la vie**
est plus BELLE
à ses côtés.

L'amour **gai**,
c'est faire en sorte
que l'on puisse
s'épanouir
ensemble
sans chercher
à s'imposer
à l'autre.

L'amour gai,

c'est ne pas

prendre

mes rêves

pour la réalité,

et ainsi éviter

de reproduire

les erreurs

du passé.

L'amour gai,
c'est **l'accepter**
tel qu'il est,
avec ses qualités
et ses défauts;
surtout
avec ses défauts!

L'amour gaï,

c'est être honnête *avec lui* et accepter ses infidélités.

L'amour gai,
c'est chercher
à réinventer
les rôles
et ne plus vivre
comme «papa
et maman»
ou comme
«mari et femme».

L'AMOUR GAI,
c'est ne pas
se méprendre
sur ses intentions,
sur ses actes
et chercher à bien
le comprendre.

L'amour gai,
c'est le vouloir

le plus

longtemps

possible

à mes côtés.

L'amour gai, c'est lui réserver

le

meilleur

de moi.

L'amour gai,
c'est en finir
avec
LA HONTE
et le mépris,
et vivre ensemble
sous le soleil.

L'amour gai,
c'est,
**au petit
matin**,
sentir contre
mon dos,
son pénis
tout chaud
et prêt au plaisir.

L'amour gai,
c'est le choisir
LUI,
*encore
et encore...*

L'amour gai,

c'est difficile
à savoir
pourquoi,
mais
c'est
comme ça...

L'AMOUR gai,

c'est avoir

le courage

d'inventer

une forme

de quotidien

qui nous ressemble

plus.

L'amour gai,
c'est, au temps
des fêtes,
lui laisser
le choix d'aller
ou non
**dans ma
famille.**

L'AMOUR gai,
c'est réaliser
que je suis
un homme
AIMANT
un autre homme.

L'amour gai,
c'est *ne*
pas chercher
à *se cacher*
et affirmer
ouvertement
sa différence.

L'amour gai,

c'est accepter
de marcher
à ses côtés
sans lui
tenir la main.

L'AMOUR GAI,

c'est être

RESPONSABLE

dans mes pratiques
sexuelles.

L'amour gai,
c'est
**lui faire
l'amour**
doucement,
lentement...

L'amour **gai**,
c'est dire
«Je t'aime»
en pensant à lui
et à lui seul.

L'amour gai,
c'est répondre
SEREINEMENT
«**oui**»
à la question:
«ES-TU GAI?».

L'AMOUR GAI,
c'est accompagner
jusqu'au bout
son amant
atteint du **sida**.

L'amour **gai**,
c'est
pouvoir dire
non
aux stéréotypes
hétérosexuels.

L'amour gai,
c'est
deux pénis
en érection.

L'amour gai,
c'est partager
le quotidien
avec son
AMANT
en sachant
fort bien
ne pas être
le seul dans sa vie.

L'amour gai,

**C'EST
VOULOIR
AIDER**

les plus jeunes
dans l'affirmation
de leur différence.

L'AMOUR GAI,

c'est l'embrasser

sans peur

et sans reproche!

L'amour gai,
c'est voir
son pantalon
gonflé
du plaisir **d'être**
avec moi.

L'**amour gai**,
c'est lutter

**pour la
RECONNAISSANCE**

de ses droits

au travail,

dans sa famille,

partout.

L'amour gai,
**c'est
accepter
le désir** qu'il a
et que j'ai
lorsque nous
regardons
d'autres hommes.

L'AMOUR
GAI,
c'est plein

de tendresse,

de chaleur.

L'amour gai,
c'est ce qui
POUVAIT
M'ARRIVER
DE MIEUX.

L'amour gai,

c'est aimer

mon homme,

son intelligence,
sa façon d'être.

L'amour gai,
c'est
se respecter
et dire
NON.

L'amour gai,

c'est

être fier

de soi.

L'amour gai,
c'est s'aimer
et sortir une fois
pour toutes
du garde-robe.

L'amour gai,

c'est ne pas
chercher à lui
imposer

MA FAÇON
DE VOIR,

donc à accepter
sa différence.

L'AMOUR gai,
c'est être ensemble
sans que l'on parle
obligatoirement
de couple
ou de mariage.

L'*amour gai*,
c'est aussi
cette **seule** nuit
passée
avec lui.

L'amour gai,
c'est prendre
un café avec lui
**à quatre
heures
du matin**,
et penser que,
cette fois,
c'est la bonne.

L'amour gai,
C'EST
PLEURER
pour la millième
fois
sur un amour
IMPOSSIBLE.

L'AMOUR GAI,

c'est s'inventer
une *vie à deux*,
et en changer
si nécessaire.

L'**amour** gai,
c'est avoir
confiance en lui
quand il va
au SAUNA.

L'amour gai,

c'est le comprendre
intimement,
car après tout
je suis gai
moi aussi.

L'amour gai,
c'est deux
personnes
autonomes
qui n'ont pas peur.

L'amour gai,

c'est sa main

dans la mienne

quand on regarde

la télévision.

L'amour gai,

c'est deux

corps nus,

en sueur,

qui se parlent

de désir

et de plaisir.

L'amour gai,
c'est dans
son regard
au **restaurant**,
dans une file
d'attente,
sur la **rue**...

L'amour gai,
c'est le **plaisir**
de le déshabiller
des **yeux** quand
il marche,
quand il lit,
quand on est
sur la rue,
partout.

L'AMOUR GAI,
c'est ce geste
innocent
quand il me
touche, alors qu'il
m'invite
à le rejoindre
au lit.

L'amour
GAI,

c'est ce mot laissé
sur la table
et sur lequel
je peux lire
**«Je t'aime
mon homme».**

L'amour gai,
c'est ce qu'il
manifeste à
mon endroit:
sa délicatesse,
son humour...

L'amour gai,
c'est, le matin
au réveil:
UN JUS D'ORANGE,
UN CAFÉ...
OU UN TAXI.
C'est selon.

L'amour gai,
c'est se rappeler
son prénom,
même
**après une
seule
nuit**.

L'amour gai,
c'est le vouloir

tout de
suite!

L'*amour*
gai,
c'est plein
de *mensonges*
pour l'avoir
dans son lit.

L'amour gai,

c'est ses yeux rieurs
quand il me dit
des choses
plaisantes.

L'amour gai,
c'est **beaucoup**
et c'est peu,
ce sont *ses lèvres*
contre les
miennes.

L'**amour gai**,
c'est souhaiter
vivre
ensemble
pour *le meilleur*
et pour *le pire*.

L'amour gai,
c'est **TOUS
CES EFFORTS**
qu'il fait au «gym»
pour être
**ENCORE
PLUS BEAU**.

L'amour gai,
c'est le voir
ENDORMI
tout près de moi
et le vouloir
POUR LE RESTE
DE MES JOURS.

L'amour gai,
c'est **comprendre**
que c'est un gars
et que,
pour l'instant,
il n'a vraiment pas
le goût **de le
faire**!

L'amour gai,
c'est le laisser

**libre
d'être
ce qu'il
est.**

L'amour gai,
c'est accepter
mes erreurs
et ne pas me juger
parce que ce n'était
**pas le bon
gars**.

L'amour gai,
c'est deux gars
au marché
qui discutent
au sujet de leurs
achats,
et qui s'entendent
finalement.

L'amour gai,
**c'est jouer
aux fesses** avec lui
depuis dix minutes,
*sans même
connaître*
son nom.

L'amour gai,
c'est parfois
difficile à
accepter
POUR LES
ENFANTS.

L'amour gai,
c'est un
agréable
repas
en tête-à-tête
et **NE PLUS**
SE REVOIR
après.

L'amour gai,
C'EST ATTENDRE
son téléphone
pendant des heures
et des heures,
en sachant
fort bien
QUE C'EST FINI.

L'amour gai,
c'est un premier
gars, puis
un deuxième et un
troisième, jusqu'aux
petites heures
du matin.

L'amour gai,
c'est **cette
lumière**
dans ses yeux
quand il me dit
des choses
toutes simples.

L'amour gai,
c'est une tisane
dans ma tasse
préférée
parce qu'il sait
que je suis malade
et que ça va mal.

L'amour gai,

**c'est difficile
et douloureux**,

surtout
au début.

L'amour gai,

c'est

bien

bon;

vous devriez
l'essayer!

L'amour gai,

c'est l'étreinte
de ses bras,
la chaleur
de son torse...

L'amour gai,
C'EST
ACCEPTER
SA DIFFÉRENCE
et ne pas en faire
un drame
pour autant.

L'amour gai,
c'est quelque chose
qui se vit
à deux,
à trois,
à...

L'amour gai,
C'EST AUTRE CHOSE
que ce que
l'on voit
à la télévision.

L'amour gai,
c'est fou,
c'est sage;
c'est tout
ce que vous voulez.

Mais c'est fait
en toute
sécurité.

L'amour gai,

c'est désirer

tous ces corps

sur la piste

de danse

un samedi soir.

L'amour gai,
c'est pour le plaisir,

doucement,
doucement...

L'amour gai,

c'est une réalité,
regardez
autour de vous!

L'amour gai,

c'est avoir

le courage

de faire enfin

son «coming-out»!

L'amour gai,

c'est dif-
ficile
à cacher

surtout sur la plage
quand un beau
gars s'approche.

L'amour gai,

c'est se reconnaître,
s'accepter
et l'être.

L'amour gai,
c'est
s'impliquer
dans un groupe
communautaire
en pensant
à la jeune
génération.

L'amour gai,

**c'est avoir
du plaisir**

en voyant

tant de **beaux
gars**

sur la rue.

L'amour gai,
**c'est
s'imaginer**
que tous les
beaux hommes
sont gais.

L'amour gai,
C'EST DIRE
NON
APRÈS UNE
PREMIÈRE FOIS,
mais changer d'idée
ensuite.

L'amour gai,
c'est connaître
les paroles
de sa chanson
préférée
et la lui chanter,
tous deux enlacés
au lit.

L'amour gai,
**c'est
prendre
tant de
plaisir**
à le voir
sous la douche.

L'amour gai,
**c'est être
des milliers**
sur la rue
à dire **notre
FIERTÉ.**

L'amour gai,

c'est parfois
un secret

que L'ON
VOUDRAIT

partager
avec les autres.

L'amour gai,
c'est quelque chose
qui fait peur
à bien
des parents.

L'amour gai,
c'est accepter
la proposition
d'un gars,
tout
simplement.

L'**amour gai**,
c'est décider
de passer le test
de dépistage
du sida,
parce qu'il
en vaut la peine!

L'amour gai,
c'est un **homme**
qui cherche
d'autres hommes,
préférablement
avec moustache...

L'AMOUR GAI,
c'est faire comme
une abeille
et **butiner
d'homme
en homme...**

L'amour gai,
c'est lui
être fidèle
**malgré
les
années.**

L'amour gai,
c'est *connaître*
son signe
du zodiaque,
entre autres choses.

L'amour gai,
c'est **tellement
plus**
qu'une simple
cause sociale
ou qu'un sujet
d'un article.

L'amour gai,
c'est quelque chose
de beau qui
se passe
dans l'intimité
de deux hommes.

L'amour gai,
c'est un beau gars
qui t'attend au coin
des rues
Sainte-Catherine
et Amherst.

L'amour gai,
c'est tellement bon
quand tu prends
**LE TEMPS
DE T'Y ENGAGER**.

L'amour gai,
c'est se rappeler
toujours de lui,
même
**après
sa mort**.

L'AMOUR GAI,

ça sent
parfois

la lotion
après-rasage.

L'amour gai,
c'est pouvoir

réaliser

ses plus beaux
fantasmes
avec son
PARTENAIRE.

L'amour gai,

c'est

l'embrasser

sans raison

particulière,
juste parce
qu'il est là.

L'amour **gai**,
c'est **désirer**
son homme
encore
et encore.

L'amour gai,

c'est plein
de souvenirs
de *rencontres*
éphémères.

L'amour gai,

c'est joyeux,

c'est fou;

ça dure
ou pas.

L'amour gai,
c'est lui avoir dit

oui

juste parce
qu'il avait

UN BEAU
SOURIRE.

L'amour gai,
c'est avoir
le **courage**
de le présenter
À SA
FAMILLE.

L'amour gai,
c'est avoir
le courage

*d'aller dans
sa famille*

pour la
**première
fois**.

L'amour gai,

c'est vivre
avec un chien,
un chat et
un oiseau
en garde partagée.

L'amour gai,
c'est plein
de bouts de papier
SUR LESQUELS
J'AI NOTÉ
leur numéro
de téléphone.

L'amour gai,
c'est quelqu'un
qui semblait
pourtant
intéressant
la nuit
dernière...

L'amour gai,

c'est toi,

juste toi

et personne

d'autre.

L'amour gai,
c'est une
*très belle
façon*
d'aimer.

L'amour gai,
c'est plein
de **séduction**
et de **passion**,
de **peine** aussi.

L'amour gai, c'est ma main qui **descend**, descend le long de son *ABDOMEN*...

L'amour gai,
c'est bien
différent
de ce que
l'on pensait
à l'époque.

L'amour gai,

c'est un **droit**,

une **liberté**,

une ÉGALITÉ.

L'amour gai,

c'est **son**

visage

tout souriant

quand *il me voit*

au réveil.

L'amour gai, c'est: *il était une fois deux gars qui...*

L'amour gai,
c'est parfois
beaucoup de
DÉSILLUSIONS,
surtout avec
la *LUMIÈRE*
DU MATIN...

L'amour **gai**,
c'est le souvenir
d'un bien
beau gars **croisé
sur la rue**,
mais trop pressé
pour s'arrêter.

L'amour gai,
ce n'est
ni un péché,
ni un crime,
ni une maladie.

C'est une réalité,
un point
c'est tout!

L'amour gai,
c'est travailler
à réaliser
nos rêves
l'un avec
l'autre.

L'amour gai,

cela existe

même si
c'est politiquement
incorrect.

L'amour gai,

C'EST

PENSER

À LUI

quand ça va bien,

et **ENCORE**

À LUI

quand ça va mal.

L'**amour**
gai,
c'est assumer
les conséquences
de mes actes
au sein
de notre relation.

L'amour gai,
**C'EST
TRAVAILLER
AVEC LUI** pour
que notre relation
soit
la plus enrichissante
possible.

L'amour gai,
c'est se donner
le temps de faire
les choses
À NOTRE
GOÛT,
sans se presser.

L'amour gai,
c'est l'em-brasser
sans gêne.

L'amour gai,
c'est se donner
**CORPS ET
ÂME**
à son amant,
au moins
**jusqu'à
demain**!

L'amour gai,
c'est vivre
un AMOUR
nouveau,
créateur
et source de
PLAISIR.

L'amour gai,
c'est **vivre**
avec un homme
que l'on aime,
sans
nécessairement
faire l'amour
avec lui.

L'amour gai,
c'est **simple-**
ment
parce que
c'est bon
d'être ENSEMBLE.

L'amour gai,
C'EST REVENIR
CHEZ SOI
émerveillé
d'une nuit d'hiver
passée
dans ses bras.

L'amour gai,
c'est *marcher*
à son bras
sur la rue
et **d'en être**
heureux.

L'amour
gai,
c'est de beaux
souvenirs
dans les
colonies
de
vacances.

L'AMOUR GAI,

c'est plein
de belles lettres
de l'un à l'autre,
et qui se terminent
toutes par

« Je
t'aime ».

L'amour GAI,
c'est parfois
un beau militaire,
un roux avec
des taches
de rousseur...
**ça dépend
des soirs**.

L'amour gai,

c'est rêver
à UN AVENIR
ENSEMBLE,
rempli de projets.

L'amour gai,
C'EST BIEN
DIFFICILE
quand tu as
seize ans
et que tes parents
ne te comprennent
pas.

L'amour gai,
c'est **QUELQUE
CHOSE**
que l'on
n'osait pas
s'avouer
avant.

L'amour gai,
c'est **sa main
douce**
et chaude
sur *mon épaule*
parce qu'il sait
que j'ai
DE LA PEINE.

L'amour gai,

c'est
plein d'espoir
parce que
cette fois,

C'EST LA BONNE.

L'amour gai,
c'est être
libre-
ment
avec un partenaire
du même sexe
que soi.

L'amour gai,

C'EST

PARFOIS

la peur
de ne pas être
à la hauteur,
car je l'aime
TELLEMENT.

L'amour gai,
c'est un verre
de bière
que m'envoie
un BEAU GARS
dans un bar.

L'AMOUR GAI,

c'est **sa main**

dans mon caleçon

et la mienne

dans le sien.

L'amour gai,

c'est même
sans érection,
juste tous les deux
dans un lit.

L'amour gai,
c'est difficile
à vivre
quand tu habites
une **petite ville**.

L'amour gai,
c'est le plaisir
de retrouver
son numéro
de téléphone,
alors qu'on
le croyait perdu.

L'**amour gai**,
c'est marcher
dans un bar
en les déshabillant
TOUS
du regard.

L'amour gai,
c'est **PIQUANT**,
surtout les jours
OÙ IL NE
S'EST
PAS RASÉ!

L'amour gai,
c'est un mas-sage
dans le dos,
sur le ventre,
PARTOUT,
PARTOUT...

L'amour gai,
c'est attendre
son appel
quand il est parti
au loin.

L'amour gai,
c'est de l'*eau*,
de la *chaleur*,
de la *mousse*
et *lui*

contre
moi.

L'**AMOUR GAI**,

c'est son corps

en **sueur**,

repu,

assouvi.

L'amour **gai,**
c'est nous deux
**sur la
plage,**
loin des regards,
enlacés.

L'amour gai,
c'est un corps
inconnu
que l'on découvre
tranquillement.

L'amour gai,

c'est **parfois**

une source

de **FRUSTRATION**,

de

DÉCOURAGEMENT.

L'amour gai, c'est en finir avec le *mépris de soi*.

L'AMOUR GAI,
c'est **une vie**
de couple
bien remplie
avec mes **AMIS**,
ma **FAMILLE**,
mon **HOMME**...

L'amour gai,
c'est ce qu'ont vécu
Rimbaud
et **Verlaine**,
Cocteau
et **Marais**,
et tant d'autres...

L'amour gai,
c'est *une chose*
dont les gens
ne devraient pas
AVOIR PEUR.

L'AMOUR GAI,

c'est parfois plein
de complexes,
par peur
de la différence.

L'amour gai,
c'est aussi
tout le désir
que l'on a
en regardant
des vidéos xxx.

L'amour gai,
**c'est aimer
être** avec
d'autres *hommes*
juste pour le plaisir.

L'amour gai,
c'est le bruit
de la boucle
de sa ceinture
**QUAND ON
LE FAIT DEBOUT**.

L'amour gai,
C'EST PAS
TOUJOURS
ENSEMBLE,
des fois
c'est **chacun**
son tour.

L'amour gai,

c'est se libérer

des rôles

établis.

L'amour gai,
**c'est mon
cœur
qui bat**
parce
qu'il vient
vers moi.

L'amour gai,
c'est **une facette**
de ma réalité,
mais je suis
**bien davan-
tage**.

L'amour gai,

c'est rapide

et direct.

L'amour gai,
CEST PAS
TOUJOURS
ÉVIDENT,
surtout quand
tu approches
soixante-dix ans.

L'amour gai,
c'est
pas seulement
réservé
aux jeunes.

L'amour gai,
c'est de le voir

VIEILLIR

petit à petit,
et de le trouver

**encore
plus désirable**.

L'amour gai,
c'est *ma façon
à moi*
DE VIVRE
L'AMOUR.

L'amour gai,
c'est plein d'amis
comme moi,
comme lui,
épanouis
et **gourmands**
de la vie.

Demandez notre catalogue

ET, EN PLUS, recevez un

LIVRE CADEAU

*et de la documentation sur nos nouveautés**

DES FRAIS DE POSTE DE 3 $ SONT APPLICABLES. FAITES VOTRE CHÈQUE OU MANDAT-POSTE À L'ORDRE DE ÉDIMAG INC.

Remplissez et postez ce coupon à Édimag inc.
C.P. 325, Succursale Rosemont, Montréal, QC,
CANADA   H1X 3B8

**LES PHOTOCOPIES ET LES FAC-SIMILÉS
NE SONT PAS ACCEPTÉS.
COUPONS ORIGINAUX SEULEMENT.**

Allouez de 3 à 6 semaines pour la livraison.

* En plus du catalogue, je recevrai un livre au choix du département de l'expédition.

' Pour les résidants du Canada et des États-Unis seulement. Un cadeau par achat de livre et par adresse postale.

Coupon de commande au verso

L'AMOUR GAI, C'EST CORRECT

Votre nom:...

....

Adresse:...

....

Ville:..

Province/État:...

Pays:...

Code postal:...

Âge:..

Achevé d'imprimer chez
MARC VEILLEUX IMPRIMEUR INC.,
à Boucherville,
en avril deux mille